Ce livre appartient à :

HISTOIRES DE MON AGE

J'ai cinq ans

HISTOIRES DE MON AGE

J'ai cinq ans

Histoires, contes et comptines

Parragon

Bath • New York • Singapore • Hong Kong • Cologne • Delhi • Melbourne

Queen Street House
4 Queen Street
Bath BA1 1HE
Royaume-Uni

Conception graphique : Peter Lawson pour Zoom Design
Illustrations : Daniel Howarth

Réalisation : InTexte Édition, Toulouse
Traduction-adaptation : Dominique Taffin-Jouhaud

ISBN 978-1-4075-7720-3

Imprimé en Chine
Printed in China

Sommaire

Les nouveaux habits du roi

Il y a très longtemps vivait un roi qui adorait les vêtements. Il les aimait tant qu'il dépensait tout son argent pour en acheter. Il avait un costume différent pour chaque heure du jour. Rien d'autre ne lui paraissait important.

Un jour, deux gredins firent leur entrée dans le royaume. Ils dirent à qui voulait l'entendre que la toile qu'ils savaient tisser était la plus fine du monde. Cette toile était si délicate qu'elle paraissait invisible aux yeux des imbéciles et des bons à rien. Le roi ne tarda pas à entendre la rumeur qui circulait à propos de ces tisserands.

« Je veux absolument posséder cette toile, pensa-t-il. Non seulement elle me donnera belle allure, mais elle m'aidera aussi à repérer ceux de mes hommes qui sont des nigauds. »

Les deux gredins furent donc invités au château. Ils installèrent leur métier à tisser et commencèrent bientôt à s'activer, faisant semblant de travailler. Ils exigèrent les plus beaux fils d'or, d'argent et de soie. Bien sûr, toutes ces merveilles allèrent directement dans leurs poches. Tout cela n'était qu'une grande farce, car les toiles invisibles n'existent pas.

Le roi voulait savoir où en étaient les artisans, mais il était inquiet. Que se passerait-il s'il ne voyait rien ? Cela voudrait-il dire qu'il était stupide ? Cela signifierait-il qu'il ne méritait pas d'être roi ? Avant de rendre visite aux deux hommes, il décida d'envoyer son Premier ministre en éclaireur. Lui était si malin qu'il verrait forcément la toile.

Quand le Premier ministre entra dans la pièce où se tenaient les brigands, il regarda autour de lui mais ne vit rien. « Grands dieux, pensa-t-il. Cela veut-il dire que je suis idiot ? Que je suis incapable de faire mon travail ? Personne ne doit s'en douter, je prétendrai avoir vu le tissu. »

Il écouta très attentivement les gredins qui décrivaient les motifs et les coloris. Ensuite, il alla répéter leurs paroles au roi.

Entendant à quel point l'étoffe était belle, le roi voulut juger par lui-même. Il convoqua tout son cabinet et son Premier ministre, avant d'entrer dans la salle de tissage.

Le roi eut beau regarder, il ne vit que du vide. « Mon Dieu ! pensa-t-il. Cela veut-il dire que je suis stupide ou que je ne suis pas à ma place de roi ? Peu importe, personne ne doit être au courant ! » Il décida donc, lui aussi, de faire semblant.

« Merveilleux ! Prodigieux ! » s'exclama-t-il. Lorsque le Premier ministre fit un commentaire sur la couleur, ses collègues ne virent rien, bien sûr.

Aucun ne voulut risquer de paraître idiot. Chacun fit donc son compliment. « Quelle beauté ! » dit l'un. « Il faudrait vraiment vous y faire tailler un habit pour la parade annuelle ! » conseilla un autre.

Le roi acquiesça, et les deux tisserands commencèrent à couper un bel habit. Les jours précédant la procession, ils travaillèrent jusqu'à la nuit. On entendait de grands coups de ciseaux et on les voyait tirer l'aiguille avec application. Tout le monde était impressionné.

Enfin, le jour de la procession arriva. La ville entière parlait du roi et de ses nouveaux habits. Les citadins étaient pressés de les admirer. Mais surtout, ils voulaient savoir qui, de leurs voisins et de leurs amis, pourrait les apercevoir. Ceux qui ne les verraient pas se révéleraient stupides ou bons à rien. Les conversations allaient bon train.

Le costume fut prêt à la dernière minute. « Le tissu est plus léger qu'une plume. Il est si délicat que vous aurez l'impression de ne rien porter », glissa l'un des filous.

L'un des gredins aida le roi à enfiler d'abord le pantalon, puis la veste.

« Ne le trouvez-vous pas magnifique, Majesté ? » interrogea l'autre brigand, en faisant tourner le roi, qui était nu, devant le miroir.

Le roi se tortilla en tous sens pour apercevoir le plus petit bout de tissu. Peine perdue. Il répondit cependant d'une voix sonore : « Cet habit est extraordinaire. Jamais je n'en ai eu de plus beau. »

« Oui, splendide ! confirma le Premier ministre. Vous n'avez jamais eu si belle allure. »

Le roi voulait surtout que personne ne sache qu'il n'était pas à sa place de roi. Convaincu qu'il était vêtu de ses plus beaux atours, il leva le menton et se mit en tête de la procession.

Pendant qu'il marchait dans la rue, tous les passants crièrent : « Regardez les nouveaux habits du roi ! »

Personne ne voulait admettre qu'il n'y avait rien à voir, de peur de passer pour un idiot.

Mais au bout d'un moment, un enfant se planta devant la foule et se mit à rire.

« Le roi est tout nu ! »

Un murmure parcourut la foule. Soudain, tout le monde sut que l'enfant avait raison. Le roi marchait sans habit à travers les rues de la ville. Bientôt, tout le monde pointa le doigt vers lui et les rires fusèrent de toutes parts.

Le roi comprit que ses sujets avaient raison. Mais il ne réagit pas, de peur de paraître encore plus ridicule. Il continua à marcher et à faire comme s'il portait son costume favori. N'était-il pas le plus sot des rois ?

Hänsel et Gretel

Il était une fois un pauvre bûcheron qui vivait avec sa femme et ses deux enfants à l'orée d'une grande forêt. Le bûcheron aimait beaucoup Hänsel et Gretel, mais sa femme éprouvait des sentiments très différents. Elle n'était pas leur mère et aurait préféré qu'ils ne soient pas nés.

Comme l'hiver était très froid, il n'y eut bientôt plus assez à manger dans la maison du bûcheron, et la faim régna. Un soir, alors que les enfants étaient couchés, la femme du bûcheron lui dit : « Il faut réagir ou nous allons tous mourir. J'ai une

idée. Demain, de bon matin, nous emmènerons les enfants dans la forêt et ainsi nous en serons débarrassés. »

« Non ! s'écria le bûcheron. Je ne pourrais leur faire aucun mal. »

Mais la marâtre finit par convaincre son mari.

Heureusement, Hänsel et Gretel avaient tout entendu.

« Qu'allons-nous faire ? » sanglota Gretel.

« Ne t'inquiète pas », dit Hänsel, qui avait regardé par la fenêtre. Il se glissa dans le jardin, fourra une poignée de cailloux blancs dans sa poche, puis se recoucha.

Le lendemain matin, Hänsel et Gretel suivirent le bûcheron et son épouse dans les bois profonds. En chemin, Hänsel s'arrêta souvent pour laisser tomber des cailloux blancs.

Lorsqu'ils atteignirent le cœur de la forêt, le bûcheron fit un feu et dit à ses enfants qu'il reviendrait les chercher. Bien sûr, il n'en fit rien.

La nuit tomba et les taillis s'emplirent de bruits inquiétants.

« Comment retrouverons-nous notre chemin ? » s'alarma Gretel.

« Ne te fais pas de souci, dit Hänsel. Tout s'arrangera quand la lune se lèvera. »

Quand la lune parut entre les cimes des arbres, les cailloux blancs se mirent à briller comme des sous d'argent. Comme Hänsel l'avait prévu, ils purent ainsi marcher jusqu'à la maison de leur père. Le bûcheron fut très heureux de retrouver ses enfants.

Peu après, la nourriture vint à nouveau à manquer dans la contrée. Et une fois de plus, les enfants entendirent leur belle-mère annoncer à leur père :

« Demain, tu les emmèneras encore plus loin, et tu les laisseras. »

Après avoir longtemps discuté, le père eut de nouveau la faiblesse d'accepter. Quand leurs parents furent couchés, les enfants voulurent aller ramasser des cailloux, mais leur belle-mère avait verrouillé la porte et bloqué les volets.

Le lendemain matin, elle donna aux enfants un quignon de pain et leur ordonna de suivre leur père dans la forêt. Tout en marchant, Hänsel l'émietta et jeta des miettes par-ci, par-là.

Leur père les emmena dans un autre coin du bois. « Je viendrai vous chercher quand j'aurai terminé », annonça-t-il. Bien sûr, il n'en fit rien.

« Ne t'inquiète pas, dit Hänsel à Gretel. Quand la lune se lèvera, nous retrouverons notre chemin grâce aux miettes de pain. »

Cependant, quand la lune fut levée, ils ne virent plus les miettes qu'Hänsel avait jetées, car les oiseaux de la forêt les avaient picorées. Les enfants errèrent toute la nuit dans les taillis, et ils se perdirent. Finalement, ils se sentirent si fatigués qu'ils se couchèrent et s'endormirent.

Le lendemain matin, ils s'enfoncèrent dans la forêt et finirent par arriver devant une jolie petite maison. Du haut en bas, elle était faite de pain d'épices, de gâteau et de bonbons ! Hänsel et Gretel avaient si faim qu'ils commencèrent à la grignoter. Soudain la porte s'ouvrit et une sorcière surgit.

« Je vous tiens, petits gredins ! grinça-t-elle en mettant la main sur eux. Vous croyez que vous allez dévorer ma maison ? On verra bien si vous aimez être croqués. » Puis elle traîna les enfants à l'intérieur et jeta Hänsel dans une cage. Elle se mit à

ricaner. « Quand il sera gros et gras, je le mangerai ! »

Les semaines passèrent. Hänsel fut bien nourri par la sorcière, qui réservait les os et les miettes à Gretel. La petite fille donna l'un de ces os à son frère. « Tends-le à la sorcière quand elle demandera à tâter ton doigt. Elle veut savoir si tu engraisses, mais elle a la vue si basse qu'elle ne verra pas la différence. »

Gretel avait raison et la sorcière s'étonnait de ne pas voir grossir Hänsel. Puis un jour, elle décida de ne plus attendre.

« Maigre ou gras, je te mangerai, toi », croassa-t-elle.

« Gretel, allume le poêle. »

La pauvre Gretel obéit en pleurant. Bientôt le poêle fut brûlant.

« Est-il assez chaud ? » demanda la vieille qui commençait à avoir faim.

« Je ne sais pas, dit Gretel. Comment le saurais-je ? »

« Pousse-toi, petite oie ! » grogna la sorcière. Elle passa la tête dans le poêle pour vérifier. Rapide comme l'éclair, Gretel poussa la vieille dans le poêle et ferma la porte.

Gretel trouva vite les clés de la cage et alla délivrer Hänsel. Puis ils ouvrirent toutes les armoires de la maison. Ils y trouvèrent de l'or, de l'argent et des pierreries.

« Avec tout cela, notre père pourra acheter de quoi manger », dit Hänsel en se remplissant les poches.

Une fois de plus, les enfants cherchèrent la maison de leur père. Longtemps, ils marchèrent. Finalement, ils arrivèrent dans une clairière qu'ils connaissaient et retrouvèrent la maison. Leur belle-mère était partie, et leur père fut transporté de joie en les revoyant. Il se réjouit quand il vit les trésors que ses enfants avaient rapportés.

« Nous n'aurons plus jamais faim ! » leur dit-il en les serrant dans ses bras. Et ils furent heureux pendant de longues années.

La maison que Pierre a bâtie

Voici la maison que Pierre a bâtie.

Voici le blé qui était dans la maison
que Pierre a bâtie.

Voici le rat qui a mangé le blé
qui était dans la maison
que Pierre a bâtie.

Voici le chat qui a tué le rat
qui a mangé le blé
qui était dans la maison
que Pierre a bâtie.

Voici le chien qui a embêté le chat
qui a tué le rat
qui a mangé le blé
qui était dans la maison
que Pierre a bâtie.

Voici la vache à la corne tordue
qui a poussé le chien
qui a embêté le chat
qui a tué le rat
qui a mangé le blé
qui était dans la maison que Pierre a bâtie.

Voici la jeune fille esseulée
qui a trait la vache à la corne tordue
qui a poussé le chien
qui a embêté le chat
qui a tué le rat
qui a mangé le blé
qui était dans la maison que Pierre a bâtie.

Voici l'homme déguenillé
qui a embrassé la jeune fille esseulée
qui a trait la vache à la corne tordue
qui a poussé le chien
qui a embêté le chat
qui a tué le rat
qui a mangé le blé
qui était dans la maison que Pierre a bâtie.

Voici le curé bien rasé
qui a marié l'homme déguenillé
qui a embrassé la jeune fille esseulée
qui a trait la vache à la corne tordue
qui a poussé le chien
qui a embêté le chat
qui a tué le rat
qui a mangé le blé
qui était dans la maison que Pierre a bâtie.

Voici le coq qui a chanté au petit matin,
réveillant le curé bien rasé
qui a marié l'homme déguenillé
qui a embrassé la jeune fille esseulée
qui a trait la vache à la corne tordue
qui a poussé le chien
qui a embêté le chat
qui a tué le rat
qui a mangé le blé
qui était dans la maison que Pierre a bâtie.

Audrey la fée ailée

Audrey était la plus petite fée de la forêt, et elle était aussi la plus craintive. Pour un rien elle était effrayée.

Quand Audrey entendait « Flip flap flip flap ! », elle courait se cacher dans les jonquilles.

« N'aie pas peur, petite sotte ! » disait son amie Lilas. Ce n'est qu'un papillon ! » Audrey rougissait d'embarras.

« Tip tap tip tap ! » entendait Audrey, soudain toute mouillée.

« Mon Dieu ! », s'effarouchait-elle en se réfugiant sous le chapeau d'un gros champignon.

« Ce n'est qu'un peu de pluie ! s'exclamaient Cristal et Mélissa en riant. Comment peux-tu avoir peur de quelques gouttes ? » Audrey se détournait, honteuse.

« Ouh ! Ouh ! » entendit, un jour, Audrey qui courut se cacher dans une souche creuse.

« Audrey a même peur du vent ! se moqua Cristal. Jamais elle n'aura ses ailes de fée ! »

Une petite larme glissa sur le nez retroussé d'Audrey. Plus encore que le vent ou la pluie, plus encore que les ailes du papillon, Audrey craignait que Cristal n'ait raison.

Audrey rêvait d'avoir ses ailes. Comme elle aurait aimé voleter de-ci, de-là, dans un rayon de lune, avec les grandes fées ! Mais elle savait qu'elle devait mériter ce privilège.

Tous les ans, le premier jour du printemps, la reine des fées distribuait de jolies ailes dentelées aux jeunes fées qui avait montré leur bravoure. Les fées qui n'étaient pas

vraiment intrépides devaient attendre l'année suivante pour espérer la récompense.

Audrey espérait que son tour viendrait bientôt. Mais comment une petite fée peureuse pouvait-elle devenir courageuse ?

Le premier jour du printemps approchait, et toutes les fées rivalisaient d'audace. Du haut de son trône doré, installé dans la clairière, la reine des fées les regardait.

Audrey aussi.

« Je suis capable d'atteindre le haut du buisson de roses ! » se vanta Mélissa, qui avait grimpé le long des tiges garnies d'épines. Toute fière, elle cueillit une rose merveilleuse. Puis elle sauta au bas du buisson et se précipita vers la reine.

« Un cadeau pour vous, Majesté ! dit Mélissa en esquissant une révérence. Je n'ai pas été dérangée par les épines, et je n'ai même pas eu peur en sautant. J'espère

que vous me trouvez courageuse, vraiment ! »

« Merci, Mélissa, dit la reine des fées. Je suis tout à fait admirative ! »

Audrey regarda la scène et soupira. Jamais elle n'arriverait à grimper sur un rosier ! Comment allait-elle impressionner la reine des fées ?

Cet après-midi-là, Cristal décida aussi d'offrir un cadeau particulier à la reine. « Et je serai plus audacieuse que toi, Mélissa ! » dit-elle.

Cristal se mit à grimper sur un très grand arbre. Elle monta, monta, jusqu'à atteindre une ruche, au sommet de l'arbre.

« Attention, Cristal ! Les abeilles pourraient te faire mal ! » prévint Mélissa.

« Je n'ai pas peur des abeilles ! » cria Cristal. Glissant la main dans la ruche, elle en sortit un rayon de miel. Et avant que les abeilles puissent se venger, elle descendit prestement et courut déposer son cadeau aux pieds de la reine.

« Merci, Cristal, répondit celle-ci en souriant. À coup sûr, tu es très audacieuse ! »

« Je parie que je serai la première à recevoir mes ailes ! » se vanta Cristal auprès de ses amies.

Le lendemain, pendant qu'Audrey et les autres fées jouaient dans la forêt, une libellule s'approcha. Audrey courut se cacher, mais Mélissa poursuivit l'insecte.

« Regardez ! » cria-t-elle en sautant sur le dos de la libellule. Je n'ai peur de rien ! »

« Zoum, vroum ! » fit la libellule en faisant des loopings.

« Youpi ! cria Mélissa. Quel bonheur d'être une fée courageuse ! »

La reine des fées souriait, mais Audrey, seule dans un coin, se sentait terriblement malheureuse.

« Je ne sais pas grimper aux arbres, et j'ai peur des libellules, pensa-t-elle. Comment faire pour mériter mes ailes ? »

Soudain, les réflexions d'Audrey furent interrompues par un bruit qui provenait d'une flaque d'eau située derrière elle. Audrey tendit l'orcillc : c'étaient des appels au secours !

Audrey courut voir ce qui se passait et aperçut une coccinelle qui se débattait. « À l'aide ! hurlait-elle. Je ne sais pas nager ! »

La coccinelle allait se noyer si quelqu'un ne plongeait pas pour se porter à son secours. Mais les amies d'Audrey regardaient Mélissa et la libellule. Audrey était la seule à pouvoir l'aider.

« N'aie pas peur ! dit-elle, en essayant de ne pas trembler. Je viens te chercher ! »

Terrorisée, elle sauta dans la flaque et nagea jusqu'à la coccinelle.

« Grimpe sur mon dos ! » proposa-t-elle à la petite coccinelle.

Tout à coup, Mélissa comprit ce qui se passait.

« Regardez ! s'exclama-t-elle. Audrey a sauvé une coccinelle ! » Toutes les fées s'approchèrent et acclamèrent

Audrey quand elle ramena la coccinelle sur la terre ferme. La reine des fées sourit et ne dit rien.

Le lendemain, c'était le jour du printemps, et toutes les fées, jeunes et vieilles, se rassemblèrent devant le trône de la reine pour voir qui recevrait ses ailes. Les plus jeunes bavardaient avec animation.

« Chut ! fit l'une des fées plus âgées. La reine va parler ! »

« Toutes les jeunes fées se sont montrées audacieuses, annonça la reine, et toutes ont le droit d'être fières. Mais une seule d'entre elles a fait preuve d'un vrai courage. C'est donc à elle seule que j'accorderai des ailes cette année. Cette fée s'appelle Audrey. Les autres ont eu moins de mal à se montrer courageuses. Mais Audrey s'est jetée à l'eau, alors qu'elle avait peur. Audrey, approche-toi. »

Sous les hourras et les bravos, Audrey se fraya un chemin dans la foule. Lorsqu'elle s'agenouilla, la reine des fées leva la main, déversant sur elle une pluie d'étoiles brillantes. Les fées poussèrent des cris d'étonnement en voyant une paire d'ailes fines et étincelantes apparaître sur les épaules d'Audrey.

Ses amies se précipitèrent pour les admirer.

« Je suis désolée de m'être moquée de toi », dit doucement Mélissa.

« Moi aussi, ajouta Cristal. Je vois bien que tu es la plus courageuse d'entre nous. »

« Merci ! répondit Audrey en souriant. Puis, très doucement, elle remua ses ailes toutes neuves et s'éleva dans l'air au-dessus de la foule admirative. Le rêve d'Audrey était enfin devenu réalité.

Hibou et Félina

Hibou et Félina s'embarquèrent
Dans un très joli bateau vert,
Avec un pot de miel en grès
Et juste un peu de monnaie.

Un soir qu'il se faisait tard,
Hibou pinça sa guitare
En chantant « Oh ! Félina,
Je suis heureux que tu sois là !
Car toi, oui, toi,
Tu es la plus belle, Félina !

Félina dit à Hibou
Je te trouve très beau, miaou !
Tu chantes bien, marions-nous,
Offre-moi l'anneau au mois d'août.

Ils voguèrent un an et un jour,
Jusqu'au pays des mille détours
Où vivait un cochon grassouillet
Qui avait un anneau dans le nez
Le nez
Le nez
Qui avait un anneau dans le nez.

Ami, nous vendez-vous l'anneau ?
Mais oui, dit le cochon Bruno.
Le mariage fut célébré
Par la pintade d'à côté.

Ils mangèrent de la crème pâtissière
Qu'ils dégustèrent à la cuillère
Main dans la main, près des dunes
Ils dansèrent au clair de lune
De lune
De lune
Ils dansèrent au clair de lune.

Pataud le crapaud

Pataud adorait son livre de contes. Il aimait surtout l'histoire de la belle princesse qui embrassait le crapaud.

« Il s'est transformé en prince charmant ! s'enthousiasmait Pataud. C'est sympa ! »

Pataud montra l'histoire à son amie Marine.

« Je vais trouver la princesse qui m'embrassera ! » annonça Pataud. Marine aimait Pataud. Tous deux étaient amis depuis très longtemps.

« Reste, demanda-t-elle. Prends donc une autre tranche de gâteau de mouches. »

« Non, merci, dit Pataud. Je vais faire un tour pour trouver une princesse. »

Ayant placé son livre de contes dans le panier de son tricycle, Pataud s'éloigna de l'étang aux nénuphars et du reste de sa famille.

« Le gâteau de mouches est délicieux aujourd'hui » insista Marine. Mais Pataud se contenta de sourire.

Pataud prit la route de la colline, passa sous un pont et accéléra pour dépasser trois gros crapauds qui pédalaient sur leur vélo.

« Regardez-moi ce chauffard ! » dit le plus gros crapaud à ses amis. Mais Pataud ne les remarqua pas, car il venait d'apercevoir une princesse. Elle sortait d'un supermarché et rangeait ses achats dans le coffre de sa voiture.

« Aha ! C'est l'heure de glaner un baiser ! » pensa Pataud.

Il descendit de son tricycle et s'avança, tout émoustillé, à la rencontre de la princesse. Elle l'aperçut qui souriait, prêt à se laisser embrasser.

« BEURK ! » s'exclama la princesse.

Elle lâcha ses sacs et les provisions volèrent dans tous les sens. Un paquet de farine explosa et couvrit les trois crapauds cyclistes de poudre blanche. Ils avaient suivi Pataud sur le parking.

« POUUFF, PLÔFF, PLATCH ! » Les trois crapauds s'étalèrent dans l'herbe, mais Pataud ne le remarqua pas.

« HOU-HOU-HOU ! » fit la princesse en courant vers son palais, tandis que Pataud sautillait derrière elle pour la rattraper. Elle lui claqua la porte au nez.

« C'était nul ! » se lamenta Pataud en rentrant chez lui sur son tricycle. Il ne vit pas les trois crapauds, couverts de farine, qui peinaient derrière lui, le long de la voie ferrée. Mais dans le bois des fées, Pataud aperçut une autre princesse qui cueillait des fleurs.

« Allons, Pataud ! pensa-t-il. Courage ! »

Il pédala plus vite. Soudain, il entendit un bruit terrible derrière un arbre. « OUAF, OUAF ! » Un énorme chien s'avança à sa rencontre.

Faisant demi-tour, Pataud voulut s'éloigner. Il passa au milieu d'une flaque d'eau et évita de justesse une taupe qui avait chaussé des rollers. Le chien aboyeur le rattrapait !

« OH LA LA ! OH LA LA ! » Pataud amorça un virage autour d'un arbre.

« BOUM ! » Son tricycle dérapa sur une branche tombée.

« OUCHE ! » Pataud fit un vol plané et tomba sur le dos. Il vit s'approcher une grosse truffe noire.

« SLURP ! » Une énorme langue rose apparut et...

« Banjo ! Ici, Banjo ! » cria une voix. Banjo le chien s'arrêta net, fit demi-tour et s'en alla.

« C'était nul ! » conclut Pataud en remontant sur son tricycle. Il quitta le bois des fées et traversa un champ qui s'étendait le long d'une rivière. Là, il vit une troisième princesse.

« Salut ! lui dit-il. C'est moi, Pataud ! »

La princesse lui adressa un sourire radieux.

« Quel mignon compagnon de jeux ! dit-elle en l'attrapant. Il est si mignon, tout baveux ! »

Pataud tendit les lèvres pour recevoir son baiser magique. Mais la princesse le glissa dans un bocal et revissa le couvercle.

« Hé ! fit Pataud. C'est nul ! »

« Ça, c'est sûr ! » confirma un petit crapaud brun assis près de lui. « Moi, elle m'a attrapé ce matin et, depuis, je suis là. »

Soudain, la princesse se coinça le pied sous une branche tombée en travers du chemin. Le bocal vola.

« ZOOOOOU ! »

« À l'aide ! » cria Pataud.

« Tiens bon ! » encouragea le petit crapaud brun.

Le bocal alla s'écraser dans la rivière et se cassa en mille morceaux. Le petit crapaud brun et Pataud gagnèrent la rive à la nage.

« Regardez ! » Mes amis crapauds viennent à mon secours ! dit le petit crapaud.

« OÙ SONT MES AMIS ? » rouspéta la princesse. Le petit crapaud sauta sur la bicyclette de l'un de ses amis et s'éloigna à toute vitesse en faisant un petit signe désinvolte à Pataud.

« C'est nul ! » se plaignit Pataud en pédalant de toutes ses forces pour retourner à l'étang.

Soudain, une princesse montée sur un skate s'arrêta près de Pataud. Immédiatement, elle l'embrassa sur la joue.

« C'était sympa ! » dit-elle en souriant.

« Oui, mais je ne me transforme pas en prince charmant ! » se désola Pataud.

« Ça m'est égal ! » répliqua-t-elle. Et retirant son déguisement, la « princesse » Marine se mit à rire.

« Une princesse m'a embrassé, et elle s'est transformée en grenouille ! » s'amusa Pataud.

« Veux-tu un autre baiser ? » demanda Marine.

« D'abord, j'aimerais bien manger un morceau de gâteau de mouches », répondit Pataud. Et tous deux rentrèrent chez eux, très contents de leur journée.

La petite sirène

Au temps jadis, les profondeurs de l'océan abritaient le royaume du peuple de la mer. Les gens de la mer ressemblaient aux humains, mais portaient une longue queue de poisson. Au centre du royaume s'élevait le splendide palais où vivaient le roi, la reine et leurs six filles. Les six princesses étaient toutes très belles, mais la benjamine, de loin la plus charmante, avait aussi une très jolie voix. Elle aimait connaître

l'histoire des humains et passait de longues heures à écouter sa grand-mère qui lui parlait de marins, de navires et de créatures à quatre pattes.

« Quand tu auras quinze ans, disait sa grand-mère, tu auras le droit de monter au sommet des vagues, pour voir toutes ces choses par toi-même. »

La petite sirène vit, les unes après les autres, ses sœurs monter à la surface de l'océan le jour de leurs quinze ans.

Enfin, ce fut son tour; elle avait quinze ans. Lorsqu'elle émergea des flots, elle aperçut un très grand navire à l'ancre. Sur le pont, des hommes chantaient et dansaient très bruyamment. Au milieu d'eux se tenait un prince séduisant. L'équipage fêtait le seizième anniversaire du jeune homme.

La petite sirène passa une bonne partie de la nuit à admirer le prince. Puis l'océan commença à s'agiter et à bouillonner. Une tempête se leva, et le grand navire se mit à tanguer dangereusement.

Soudain, une énorme vague s'abattit sur le bâtiment qui se coucha sur le côté et commença à sombrer. La petite sirène comprit que les hommes étaient en danger, mais il faisait si sombre qu'elle ne voyait guère ce qui se passait. Quand le navire coula, elle aperçut le corps du prince, inconscient. Bravant le danger, elle nagea vers lui et le prit dans ses bras.

La petite sirène nagea longtemps à la surface de l'eau, puis atteignit le rivage le plus proche. Elle hissa le prince jusque sur le sable puis retourna dans l'eau et attendit.

Un peu plus tard, un groupe de jeunes filles sortit d'une grande maison qui se dressait non loin de la plage. L'une d'elles aperçut le prince. Elle s'agenouilla près de lui juste au moment où il retrouvait ses esprits. Le cœur de la petite sirène se serra lorsqu'elle vit le jeune homme sourire. Il croyait voir celle qui lui avait sauvé la vie ! Très triste, la petite sirène plongea dans les vagues pour rentrer chez elle.

Jour après jour, elle sombra dans la mélancolie. Enfin, elle révéla son secret à l'une de ses sœurs. Très vite, toutes leurs amies connurent son histoire.

L'une d'elles savait où vivait le prince, et elle emmena la petite sirène voir son château qui se dressait au-dessus de la mer.

La petite sirène alla presque tous les soirs au château. Dans les ténèbres, elle attendait le prince qui venait regarder les flots, du haut de son balcon. Et elle se sentait de plus en plus amoureuse. Cependant, elle savait que le prince ne pourrait jamais aimer une femme à queue de poisson...

Un jour, la petite sirène décida de tout risquer pour conquérir le cœur du prince. Elle rendit visite à une méchante sorcière.

« Je sais ce que tu veux, grinça la sorcière. Je te ferai boire une potion qui te donnera deux jambes humaines. Mais quand tu marcheras, tu souffriras terriblement. Acceptes-tu mon marché ? »

« Oui ! » murmura la princesse.

« Si le prince en épouse une autre, ton cœur se brisera, tu seras transformée en écume et tu reviendras à la mer, ajouta la sorcière. Ce sera comme si tu n'avais jamais existé. Et tu dois me payer en m'offrant ta voix. »

« Mais comment charmerai-je le prince sans ma voix ? » demanda la petite sirène.

« Débrouille-toi ! » glapit la sorcière. La petite sirène offrit donc sa voix en échange de la potion. Muette à jamais, elle prit le chemin du palais. Quand elle fut parvenue sur la plage, elle but la potion qui se répandit en elle comme un poison. Puis elle s'évanouit.

Lorsqu'elle se réveilla, elle vit qu'elle avait perdu sa queue de sirène. Elle se leva et constata que la sorcière avait dit vrai. À chacun de ses pas, elle avait l'impression de marcher sur du verre cassé. Cependant, quand

elle aperçut le prince, elle oublia ses souffrances. Le prince voulut savoir qui elle était, mais elle ne put évidemment lui répondre.

Le prince la prit en affection et l'emmena partout. Toutefois, il ne voyait en elle qu'une délicieuse enfant et, jamais, ne songea à l'épouser. Il lui dit qu'il souhaitait se marier avec la jeune femme qui lui avait sauvé la vie après son naufrage. « Je ne l'ai vue qu'une fois, mais elle est la seule que je pourrais aimer. » La petite sirène était incapable de lui dire qu'elle était celle qui lui avait sauvé la vie.

Un jour, les parents du prince envoyèrent leur fils en visite dans un royaume voisin, afin qu'il y épouse une princesse. « Ne t'inquiète pas, dit le prince à la petite sirène. J'irai là-bas, mais il est impossible que je tombe amoureux. Si je ne peux pas me marier avec la femme que j'espère revoir, c'est toi que j'épouserai. »

Cependant, quand le prince vit la princesse, il s'exclama : « C'est elle, je la reconnais ! C'est elle qui m'a sauvé la vie ! « La cérémonie du mariage fut organisée sans délai.

La petite sirène était affreusement triste. En regardant le prince marcher vers l'autel, elle versa des larmes amères. Plus tard, quand tout le monde fut endormi, elle vit apparaître ses sœurs. Elles avaient perdu leur belle chevelure blonde et avaient la tête rasée.

« Nous avons signé un pacte avec la sorcière » dit l'aînée. « Nous lui avons donné nos cheveux en échange de ce poignard. Si tu le plonges dans le cœur du prince, tu redeviendras une sirène. »

La petite sirène aimait trop son prince pour songer à le tuer. Jetant le poignard, elle plongea dans l'océan. Mais au lieu de disparaître, elle se sentit remonter doucement au-dessus de l'eau. Autour d'elle, elle vit de jolies formes blanches, et sut qu'elle se mêlait à elles. La petite sirène avait été si douce et si bonne qu'elle avait mérité sa place au paradis.

Les larmes de la dragonne

Ce matin-là, tout allait mal pour Clara. Elle était tombée d'un arbre, ce qui est, vous en conviendrez, une façon de commencer la journée du mauvais pied.

Clara avait rêvé : elle glissait à toute allure sur une pente moussue, puis atterrissait dans un buisson épineux.

« Ouh ! Que je n'aime pas ce rêve ! » s'écria Clara la dragonne en s'éveillant brutalement.

Mais voilà. Elle ne rêvait pas... Clara avait dégringolé de son nid et était en chute libre au milieu des branches pointues de son arbre.

Alors, pourquoi, vous demandez-vous, Clara ne pouvait-elle battre des ailes pour remonter tranquillement chez elle ? Il faut vous dire que les dragons savent très bien voler, mais qu'ils doivent d'abord s'échauffer et prendre leur élan.

Cependant, on n'a ni le temps de s'échauffer ni celui de prendre son élan quand on dort. Clara tomba donc, PATATRAS, avec pertes et fracas, ce qui réveilla tous les dragons du bois.

« CHUT ! firent ses voisins mécontents. Qu'est-ce que c'est que ce boucan ? »

La pauvre Clara était couverte de bleus. Et, pour ne rien arranger, elle n'arrivait plus à cracher le feu.

« Toutes ces mésaventures ont dû éteindre ma flamme ! » soupira-t-elle en essayant désespérément de produire une petite étincelle.

L'aube se levait et il faisait froid. Clara frissonna et se sentit accablée. Elle avait besoin de feu pour se réchauffer et pour frire les œufs du petit déjeuner.

Clara essaya, une fois encore, de cracher le feu. Elle se racla la gorge et souffla, postillonna, toussa et haleta. Elle ouvrit grand le gosier, se gonfla les joues et se pinça le nez. Rien n'y faisait.

Sa flamme avait disparu.

De grosses larmes se mirent à couler sur son museau rose et violet.

Vous ne le savez peut-être pas, mais les dragons pleurent comme des madeleines. Sous leurs écailles, ils ont assez d'eau pour éteindre des incendies ! Bientôt, Clara se retrouva au milieu d'un lac de larmes, et ses sanglots réveillèrent à nouveau les autres dragons.

« Mais que se passe-t-il ? » demanda son copain Feudebois.

« Qu'est-ce qu'il y a ? » s'enquit Allumette.

« Tu as l'air bizarre, constata Briquet. Tu es couverte de bleus et de bosses. »

« Je suis tombée de mon arbre, sanglota Clara. Je suis toute meurtrie, et j'ai perdu ma flamme. »

« Pas étonnant, suggéra Briquet. Avec toute cette eau qui te sort par les yeux, pas une étincelle ne peut résister ! »

« Parlez, parlez ! protesta Clara à l'adresse des dragons installés dans les autres arbres. Et surtout restez bien au chaud dans votre nid, alors que j'ai faim et froid ! » Et elle s'éloigna à pas lourds dans la forêt.

« Reviens ! dirent ses amis. Nous pouvons peut-être t'aider ? »

Mais Clara ne fit qu'accélérer. Elle était de très, très mauvaise humeur.

Quand elle atteignit le pied des montagnes rousses, elle s'assit sur un éboulis pour mieux bouder.

« Ça va ? » lança une drôle de voix pointue.

« Non, ça ne va pas, répondit Clara. Laisse-moi tranquille ! »

« Je veux juste t'aider ! » dit un corbeau noir comme la suie, en venant se poser près d'elle.

Clara se mit à renifler. Elle avala sa salive et voulut se retenir de pleurer, mais une grosse larme s'écrasa sur sa joue.

« OH LA LA ! s'exclama le corbeau. Tu es malheureuse ? »

« J'ai perdu ma flamme, renifla Clara. Et tout le monde s'en fiche. »

« Pas moi », dit le corbeau.

« BOU-OUH ! sanglota Clara. J'ai froid et je ne peux même pas faire cuire mes œufs au plat. Jamais personne ne me comprendra ! »

Et les larmes se remirent à couler.

« Je comprends, dit le corbeau. Et je peux sûrement t'aider. Je connais l'endroit où tu trouveras une nouvelle flamme. »

« C'est vrai ? fit Clara tout étonnée. Où ça ? »

Le corbeau sauta sur le museau bosselé de Clara.

« Mais tu dois me promettre de ne plus pleurer, car il faut que ton nez sèche. Promets-moi d'être de meilleure humeur ! »

« D'accord. Je vais essayer. »

« Bon, poursuivit le corbeau. Le phœnix habite au sommet de cette montagne. C'est un oiseau de feu, un oiseau magique qui possède les plus belles flammes rousses du monde. »

« OUAOUH ! » fit Clara, impressionnée, en séchant sa dernière larme.

« Écoute, suggéra le corbeau. Je suis sûr que si tu lui demandes poliment, il te donnera une petite braise pour allumer ta flamme. »

« Super ! » s'écria Clara.

Avec le corbeau, elle s'envola jusqu'en haut de la montagne.

Il leur fallut un moment pour parvenir à la cime. Et quand ils arrivèrent, le phœnix entamait sa danse du crépuscule. L'oiseau de toute beauté resplendissait de mille feux.

« Je t'attendais, annonça le phœnix. Approche-toi. »

Clara s'avança d'un pas nerveux. Le phœnix lui sourit : « Clara, les plus beaux feux sont ceux de l'amitié. Ta flamme est toujours là mais, pour la ranimer, tu dois croire en toi et en tes amis. Retourne les voir et montre-toi gentille avec eux. Sois heureuse et tu verras, très vite, ta flamme revenir. »

Et ainsi fit Clara. Elle vola au bas de la montagne, le corbeau sur l'épaule, traversa la forêt et revint près de son arbre favori. L'aube d'un nouveau jour pointait.

« Ah, te voilà, Clara ! » s'exclama Feudebois.

« Contente de te revoir ! » dit Allumette.

« Tu nous as manqué ! » remarqua Briquet.

« HOURRA pour Clara ! » crièrent-ils tous en chœur.

« Merci », répondit Clara dans un sourire. Et, à cet instant, elle sentit une étincelle, chaude et merveilleuse, qui revenait lui chatouiller le gosier.

Tout à coup, une belle flamme rougeoyante en jaillit.

« Quelle belle journée ce sera ! » dit Clara, souriant d'une oreille à l'autre, tandis que ses amis formaient une ronde autour d'elle.

Petit canard et grandes idées

Petit canard naquit par un beau jour de printemps, près d'une jolie rivière qui courait joyeusement. Petit canard aimait beaucoup sa campagne. Il adorait s'y promener avec les autres canards blancs, les cygnes et les canards sauvages aux magnifiques couleurs. Parfois, il allait explorer la rivière en amont, puis il se laissait porter par le courant pour descendre vers sa maison dans les joncs.

Petit canard avait tant d'amis près de chez lui ! Les lapins surgissaient de leur terrier dans la colline, ou d'un buisson d'aubépines.

« LAPINLAPINLAPINLAPINLAPIN ! » appelaient-ils.

« COIN, COIN ! » répondait Petit canard.

En aval de la rivière vivait une famille de campagnols. Petit canard aimait voir pointer le museau d'un bébé souris sous unc feuille d'oseille.

« COIN, COIN ! » appelait Petit canard.

« TWII ! » répondait le bébé souris.

Au-delà de la prairie

s'étendait la forêt où jouaient les écureuils. Petit canard caquetait pour les saluer.

Enfin, il se glissait dans sa maison de joncs où les grenouilles coassaient.

« COÂ , COÂ ! Tu es chez toi ! » répétaient-elles.

La rivière était un lieu animé tout l'été. Petit canard aimait particulièrement admirer les canards sauvages. Il se souvenait du jour où ils étaient arrivés, au début du printemps. Dans un grand bruissement d'ailes, ces beaux étrangers avaient déboulé de nulle part. Mais maintenant, c'était

l'automne, et les arbres perdaient leurs feuilles. L'air se rafraîchissait.

« Il est temps de partir », déclara le chef des canards sauvages.

« Allez-vous quitter la rivière ? » demanda Petit canard.

« Oh oui ! Personne ne veut rester ici pour l'hiver. Nous volerons vers le sud. »

« Le sud ! s'exclama Petit canard. Oh ! Comme j'aimerais vous accompagner ! Je voudrais voler ! »

« Viens avec nous ! proposa le chef des canards sauvages. Tu es le bienvenu ! »

Petit canard alla porter la nouvelle à tous ses amis.

« Je suis venu vous dire au revoir, annonça-t-il d'un air très affairé. Je m'envole vers le sud. »

« Oh, ne t'en va pas ! répondirent ses amis. Reste avec nous, près de notre belle rivière ! »

Mais Petit canard répliqua : « Personne ne veut rester ici pour l'hiver. »

Le lendemain, les canards sauvages se rassemblèrent.

« Allons, viens ! dirent-ils. Il est temps de partir ! »

Et Petit canard les accompagna.

Un par un, les canards sauvages s'envolèrent. Petit canard les suivit. Ils tracèrent une longue ligne dans le ciel.

Alors Petit canard regarda la colline aux lapins et la prairie des souris, la forêt des écureuils et la maison aux joncs. La merveilleuse rivière sinuait entre elles. Et tout cela s'éloignait de lui, à chaque battement d'aile.

Petit canard regarda le grand ciel vide. Il regarda l'endroit où il vivait, et comprit qu'il n'avait pas envie de le quitter.

« Au revoir ! cria-t-il aux canards sauvages. Je rentre chez moi ! »

« ZOUM ! » Petit canard descendit, descendit, et PLOUF ! se retrouva dans la rivière.

« Me revoilà ! » s'écria Petit canard.

« Qui es-tu ? demandèrent les lapins et les souris, les écureuils et les grenouilles. Nous ne te connaissons pas. »

« C'est moi, votre ami ! » protesta Petit canard.

« Pas du tout ! répondirent-ils. Notre ami s'est envolé. C'est un canard sauvage maintenant. »

L'espace d'un instant, Petit canard se fit du souci.

« Mais non, je suis là ! dit-il. C'est moi, Petit canard. Ne vous souvenez-vous pas de moi ? »

« Hmmm, fit un de ses copains lapins. Il ressemble à Petit canard. Pourtant, c'est impossible, Petit canard ne voulait pas rester. »

« Non, non, confirmèrent les souris. Qui veut rester ici pour l'hiver ? »

« Personne, personne ! » coassèrent les grenouilles.

Et tous en chœur reprirent « Personne, personne ! » Soudain, Petit canard vit qu'ils étaient tous en train de rire.

« Arrêtez ! cria-t-il. Vous savez bien que ma place est ici. Cette rivière est ma maison, et vous êtes mes amis. Je suis content d'être revenu ! »

« Nous aussi ! dirent ses amis. Bienvenue dans ta maison ! »

Courez, petits suricates !

Au cœur des sables brûlants du désert, dans un endroit bien frais creusé sous la terre, vivait une demoiselle mangouste, une suricate qui s'appelait Kinna. Sa maman venait de donner naissance à deux bébés, Kippi et Kambézi.

Kinna rit en regardant son frère et sa sœur, avec leur petit corps sans poils et leurs yeux fermés.

« Ils ne remuent presque pas ! » dit-elle à son papa.

« Toi aussi, tu étais comme ça, lui expliqua sa maman en allaitant ses bébés. Tu ne savais pas encore courir comme aujourd'hui.

Kinna avait l'air contente d'elle.

« Je suis la plus rapide », se vanta-t-elle.

« Il faut bien utiliser ce don, commenta son papa. Ta vie en dépend. »

Kinna huma l'air.

« Tu es presque adulte maintenant, poursuivit sa maman. Pourrais-tu garder les petits pendant que j'irai à la chasse avec ton papa ? »

« Bien sûr ! » répondit Kinna, un peu inquiète tout de même. « Quel honneur », pensa-t-elle à l'idée d'être la baby-sitter.

« Tu ne seras pas toute seule, remarqua son papa. Les gardes veillent sur notre tribu. »

« Bah ! Je n'ai pas besoin d'eux ! » maugréa Kinna.

Le jour vint où ses parents décidèrent de partir à la chasse. Kinna fut nommée baby-sitter pour la journée.

Son papa et sa maman lui avaient recommandé de ne pas sortir les bébés.

Mais à l'instant où ils partirent, Kinna sut ce qu'elle allait faire.

« Regardez-vous ! se moqua-t-elle. Vous êtes tout pâlichons. Vous avez besoin de

prendre quelques couleurs ! » Et elle poussa les bébés le long des tunnels.

« Dégourdissez-vous au soleil ! leur dit-elle quand ils atteignirent l'orée du terrier. Kippi et Kambézi déguerpirent dans le désert.

« C'est brûlant ! » grommela Kippi en trébuchant et en tombant le nez dans le sable.

Kinna ramassa une boulette d'herbes sèches et la lança à Kambézi.

« Pff ! » fit Kambézi, en recrachant les grains de sable qui craquaient sous ses dents.

Kinna poursuivait les petits en criant :

« Allez, courez, courez ! » Ils se mirent à gambader un peu partout, sans se rendre compte qu'ils s'éloignaient du tunnel des suricates. Kinna entendit bien les gardes qui les appelaient, mais elle ne comprit pas ce qu'ils disaient.

Kinna leva les yeux. Un grand aigle planait

au-dessus d'eux. Il piqua vers le sol pour mieux voir ses proies. L'aigle avait faim, et avait bien envie d'un déjeuner de suricate.

Les gardes dévalèrent la colline des termites en remuant furieusement le sable autour d'eux. Un instant, l'aigle ne put voir les bébés suricates. Kinna jeta des boulettes de sable en direction de l'aigle et finit par atteindre son but en le touchant juste entre les deux yeux.

« Courez ! » répéta la baby-sitter tandis que Kippi et Kambézi zigzaguaient dans le sable glissant.

« Levez-vous ! Vite ! Vite ! Courez ! » répéta-t-elle. Kinna regarda de nouveau en l'air et vit que l'aigle visait Kambézi, qui s'était enfui dans la direction opposée.

Kinna sut ce qu'elle avait à faire. Elle se jeta sur Kambézi et l'attrapa par la peau du cou, en essayant de s'éloigner le plus vite possible. Elle avait du sable brûlant dans les yeux et le nez, mais Kinna courait pour sa vie, et pour celle de ses frère et sœur.

« Rentrez vite ! » ordonnèrent les gardes en poussant Kippi, Kambézi et Kinna dans le tunnel. Puis ils sautèrent derrière eux pour se mettre à l'abri. Les gardes n'eurent pas le temps de gronder Kinna pour sa conduite dangereuse, car les trois petits suricates dévalaient les couloirs à toute allure pour rentrer chez eux. Quand ils arrivèrent, ils trouvèrent la maison vide.

« Je veux ma maman ! » dit Kippi en se mettant à pleurer.

« Je veux mon papa ! » se lamenta Kambézi.

Kinna aussi avait envie de fondre en larmes. Elle seule se rendait compte que ses parents pouvaient être en danger si l'aigle était encore dans les parages. Mais elle était la baby-sitter. Elle devait être courageuse.

Elle proposa donc de jouer à la balle… puis à cache-cache… puis organisa une poursuite.

Et les petits oublièrent leur peur.

« Bonjour, tout le monde ! » s'exclamèrent deux voix familières au bout du tunnel.

« Hourra ! Papa ! Maman ! » s'écrièrent les petits enfants suricates.

« Pourquoi êtes-vous essoufflés ! » demanda Maman, qui avait appris la mésaventure de la promenade, par les gardes.

« Et pourquoi êtes-vous couverts de sable ? » voulut savoir Papa.

« Nous avons couru », expliqua Kippi.

« Couru dehors », compléta Kambézi.

Kinna ne dit rien.

Le père et la mère frissonnèrent à la pensée du danger qui avait menacé leurs petits. Eux-mêmes avaient couru comme le vent, quelques instants plus tôt, pour échapper au grand aigle.

Kinna aida ses parents à coucher Kippi et Kambézi. Ensemble, ils chantèrent la chanson du vent qui souffle sur les sables brûlants du désert…

… sans oublier le couplet qui parle du suricate qui bondit entre les dunes.

Raiponce

Il y a longtemps, un homme et une femme attendaient leur premier bébé. Le temps passant, l'épouse se reposa de plus en plus souvent. Elle regardait, par la fenêtre, un superbe jardin potager. Personne n'osait y entrer parce qu'il était cultivé par une affreuse sorcière.

Un jour que cette femme regardait par la fenêtre, elle remarqua un carré de jolies salades, des raiponces, fraîches et appétissantes.

Au cours des jours qui suivirent, la future maman passa beaucoup

de temps à admirer la raiponce. Et elle finit par se sentir très malheureuse.

« Pourquoi es-tu triste, ma chérie ? » demanda son mari.

« Je veux goûter de la raiponce qui pousse dans le jardin de la sorcière, répondit-elle. Je crois que j'en tomberai malade si j'en suis privée. »

L'homme ne pouvait supporter de voir sa femme dépérir, aussi se glissa-t-il, cette nuit-là, dans le jardin, arracha une touffe de raiponce, et rentra vite chez lui.

Sa femme fut transportée de joie. Elle trouva la raiponce si délicieuse qu'elle en voulut davantage. La nuit suivante, le mari descendit donc, à pas de loup, dans le jardin. Il était sur le point de saisir une touffe de raiponce quand une silhouette bossue se jeta sur lui. C'était l'horrible sorcière.

« Je te tiens, espèce de crapaud voleur ! grinça-t-elle. Tu regretteras d'être venu me dérober ma raiponce ! »

« Pardonne-moi ! s'écria l'homme. Ma femme attend un bébé. Elle m'a dit qu'elle tomberait malade si elle ne pouvait goûter ce délice ! »

« Un bébé, hé hé ! ricana la sorcière édentée. Hmmm, tu peux prendre autant de raiponce que tu voudras, mais tu me donneras ton bébé dès qu'il sera né. Et si tu refuses, je

vous transformerai en crapauds, ta femme et toi. »

L'homme n'avait pas le choix, aussi il accepta.

Peu après, sa femme donna naissance à une très jolie fillette. Les parents furent transportés de joie, mais celle-ci fut de courte durée. Dès qu'ils se posèrent la question du prénom, l'horrible sorcière leur apparut.

« Elle s'appellera Raiponce, grinça la sorcière. Et vous ne la verrez plus. »

Dans un grand rire plein de méchanceté, elle prit le bébé et disparut.

Raiponce, très jolie, portait une magnifique chevelure blonde et bouclée. Quand elle eut seize ans, la sorcière l'enferma au sommet d'une haute tour privée de porte et d'escalier. Seule une fenêtre permettait d'y accéder.

Chaque jour, la sorcière se postait au pied de la tour et appelait : « Raiponce, Raiponce, déroule tes cheveux d'or ! ».

Raiponce déroulait alors sa longue chevelure par la fenêtre, et la sorcière y grimpait comme à une corde.

Un beau prince se promenait dans les bois quand il entendit le chant de Raiponce. Suivant les accents de cette mélodie, il arriva à la tour. Voyant qu'il n'y avait pas d'entrée, il s'en alla. Mais il était si charmé par la voix de Raiponce qu'il revint souvent l'écouter.

Un jour que le prince se cachait dans les buissons, il vit la sorcière qui arrivait au pied de la tour et qui appelait « Raiponce, Raiponce, déroule tes cheveux d'or ! ».

Puis il vit, tout surpris, les cheveux de Raiponce qui descendaient jusqu'au sol, et la sorcière qui y

grimpait. Le prince attendit que la sorcière soit partie, et il s'approcha de la tour.

« Raiponce, Raiponce, déroule tes cheveux d'or ! », appela-t-il.

Immédiatement, Raiponce déroula ses cheveux, et il grimpa vers elle. Raiponce eut peur en apercevant le prince, mais elle se rassura vite en écoutant ses mots. « J'ai entendu ta douce voix », expliqua-t-il. « Maintenant que je t'ai regardée, je n'aurai de repos que lorsque je t'aurai épousée. »

Raiponce était tombée amoureuse du prince, et elle accepta bien vite. « Mais d'abord, je dois m'échapper. Apporte-moi de la soie. Je tresserai une échelle pour descendre de la tour. »

Ainsi, chaque jour, après le départ de la sorcière, le prince apporta de la soie. La sorcière ne se douta de rien jusqu'à ce qu'un jour, Raiponce dise par étourderie : « Tu es bien plus lourde que le prince ». Dès qu'elle eut

prononcé ces mots, Raiponce sut qu'elle aurait des ennuis.

« Méchante fille ! » grinça la sorcière. Elle prit une paire de ciseaux et coupa les cheveux de Raiponce. Puis elle lui jeta un sort et la cacha dans un antre lointain.

Cette nuit-là, quand le prince arriva, la sorcière se tenait prête à l'accueillir.

« Raiponce, Raiponce, déroule des cheveux d'or ! » appela le prince.

La sorcière déroula les cheveux de Raiponce et s'y cramponna pendant que le prince grimpait.

« Ahh ! » fit le prince quand la sorcière pointa le bout de son nez crochu par la fenêtre.

« Haha ! s'exclama la sorcière. Raiponce a disparu et tu ne la reverras plus ! » Puis elle lâcha les boucles de cheveux et le prince tomba en bas de la tour. Malheureusement, des épines de rosier lui entrèrent dans les yeux et le rendirent aveugle.

Au cours des années qui suivirent, le prince qui n'y voyait plus chercha partout son amour perdu. Un jour, il entendit la douce voix qui l'avait jadis séduit et s'avança vers elle à tâtons. Raiponce reconnut son prince charmant. Elle courut vers lui en pleurant. Le prince la prit dans ses bras et les larmes de Raiponce mouillèrent ses yeux. D'un coup, il recouvra la vue.

Le prince emporta Raiponce en son royaume, où ils se marièrent et vécurent heureux pour le restant de leur vie.

Le monstre de Patrick

Patrick ne se sentait plus de joie. Aujourd'hui, il allait passer la nuit chez Mathieu. Jamais encore il n'avait été invité à dormir chez un copain, et il espérait bien que ce serait super.

Patrick et Mathieu jouèrent dans le jardin tout l'après-midi, et après le dîner, ils passèrent une heure dans leur bain. Quand ce fut l'heure d'aller se coucher, Patrick était vraiment fatigué.

Mais Mathieu n'avait pas du tout sommeil.

« D'abord, il faut regarder sous le lit », dit-il.

« Pourquoi ? » demanda Patrick, étonné.

« Pour le cas où il y aurait des monstres, déclara Mathieu. Tu sais bien, il y a quelquefois des monstres sous les lits. »

Mathieu avait l'air très inquiet, et Patrick commença à se faire du souci.

« Ma mère dit que les monstres n'existent pas », se défendit Patrick. Mais il n'en était plus très sûr, au fond.

« Ma mère dit ça aussi, répondit Mathieu, mais les grands ne savent pas tout ! Il faut vérifier ! »

Tous deux regardèrent très attentivement sous les deux lits. Sous celui de Patrick, il n'y avait que quelques minous poussiéreux, et deux cubes en plastique sous celui de Mathieu.

« Ça va, dit Mathieu. On peut dormir maintenant. »

Mais Patrick continuait à s'inquiéter, et ses yeux mirent longtemps à se fermer.

Au matin, l'idée des monstres ne paraissait plus si effrayante. À l'heure du déjeuner, quand sa mère vint le

chercher, Patrick avait tout oublié.

Mais la nuit suivante, quand sa maman l'eut bordé et lui eut lu son histoire favorite, Patrick y repensa. Et de nouveau, il se fit du souci. Et s'il y avait un monstre sous son lit ?

Patrick avait trop peur pour s'endormir. Il fallait qu'il regarde sous son lit pour vérifier qu'il n'y avait pas de monstre.

Tout doucement, Patrick sortit des couvertures et s'accroupit au bas de son lit. Alors, retenant sa respiration, il se pencha et vit...

Deux GRANDS yeux qui le regardaient !

Patrick sursauta et fit un bond en arrière. Puis il vérifia à nouveau, pour être sûr qu'il n'avait pas rêvé.

Oui, il y avait bien deux grands yeux qui le regardaient. Mais ils n'avaient rien d'effrayant, au contraire ! En se concentrant bien, Patrick vit qu'ils appartenaient à une tête, une tête de monstre ! Mais c'était une gentille tête de monstre, toute frisée, qui lui souriait.

« Salut ! » chuchota Patrick.

« Salut ! » répondit le monstre.

« Comment t'appelles-tu ? »

« Moi, c'est Léon. Je vis là, sous ton lit. »

« Moi, je m'appelle Patrick. »

« Je sais. Il y a si longtemps que j'attends que tu me trouves. Je finissais par croire que ça n'arriverait jamais ! »

« Tu veux sortir de là ? »

« Oui, merci ! » s'exclama le monstre, tout content de s'extirper de dessous le lit.

Patrick regarda la créature toute ronde, frisée et poilue. Et violette ! Patrick adorait le violet.

« Il y a longtemps que tu es sous mon lit ? »

« Des jours et des jours ! dit Léon. Et je m'ennuyais sacrément. En plus, j'avais peur ! »

Patrick n'en revenait pas : peur ? Un monstre ?

« De quoi avais-tu peur ? »

« Je pensais que tu ne me trouverais jamais, et que je resterais toujours tout seul ! dit Léon. Tu sais, même les monstres ont besoin d'amis ! »

Patrick et Léon firent rouler les petites voitures de Patrick dans la chambre. Puis Léon lui apprit sa danse de monstre rampant, sautant et trépignant. Le remue-ménage était si grand que la maman de Patrick monta l'escalier.

« Qu'est-ce qui se passe ici ? » demanda-t-elle en ouvrant la porte.

« Euh, j'étais... en train de jouer avec mon... euh... nouvel ami », bredouilla Patrick. Il regarda Léon qui était assis à ses pieds, plus immobile et silencieux qu'une vieille pantoufle.

« Comme il est mignon, cet animal en peluche ! Mais

maintenant, c'est l'heure de dormir, dit Maman en bordant Patrick à côté de Léon. Bonne nuit, mon chéri ! »

« Bonne nuit, maman ! Bonne nuit, Léon ! dit-il quand sa maman fut partie.

« Bonne nuit, chuchota Léon. Et merci de m'avoir sorti de dessous le lit. »

« Merci d'être mon ami », dit Patrick. Et en voguant vers ses rêves de monstres, Patrick sut qu'il n'en aurait plus jamais peur.

Filles et garçons s'en vont danser

Filles et garçons quittent leur lit
Et, oubliant leurs oreillers,
Au coin des rues, s'en vont danser,
Sous la lune qui leur sourit.

Ils emportent cerceaux et jouets,
Grimpent à l'échelle et sautent le mur,
Emportent la brioche du goûter.
Brassons la farine, versons le lait,
Nous dégusterons un pudding tout frais
Que nous tartinerons de confiture.

Quoi, Quoi, Commère l'oie

Quoi, quoi ! Commère l'oie,
Que fais-tu sous mon toit ?
Tu es montée par l'escalier,
Tu t'es retrouvée au premier,
Tu as rencontré le fermier,
Coiffé de son bonnet,
Alors tu lui as pincé le pied,
Patatras, il est tombé !